Life of Mary

Vida de María

Imprimi Potest: Harry Grile, CSsR,
Provincial de la Provincia de Denver, Los Redentoristas

Publicado por Libros Liguori, Liguori, MO 63057-9999
Para hacer pedidos llame al 800-325-9521.
LibrosLiguori.org

p ISBN 978-0-7648-2441-8
e ISBN 978-0-7648-6902-0

Libros Liguori, una corporación sin fines de lucro, es un postolado de los Padres y Hermanos Redentoristas. Para más información, visite Redemptorists.com.

Impreso en Mexico
18 17 16 15 14 / 5 4 3 2 1
Primera edición

Imprimi Potest: Harry Grile, CSsR,
Provincial, Denver Province, The Redemptorists

Published by Liguori Publications
Liguori, Missouri 63057

To order, call 800-325-9521 or visit Liguori.org

p ISBN 9780764824418
e ISBN 9780764869020

Liguori Publications, a nonprofit corporation, is an apostolate of The Redemptorists. To learn more about The Redemptorists, visit Redemptorists.com.

Printed in Mexico
18 17 16 15 14 / 5 4 3 2 1
First Edition

Life of Mary
Vida de María

Lucas Teixeira
Illustrated by Lula Guzmán

LIBROS LIGUORI
One Liguori Drive ▾ Liguori, MO 63057-9999

Cuando la mamá de Jesús era niña, su vida fue tan normal como la de todas las demás. Sus papás, Joaquín y Ana, la cuidaron con mucho amor y especialmente le enseñaron a conservar siempre a Dios en su corazón.

When Jesus' mom was a little girl, her life was just like any other little girl's. Her parents, Joachim and Anna, took loving care of her. They taught her to keep God in her heart.

Cuando era jovencita, el ángel Gabriel se le apareció. Le dijo que Dios la había elegido para ser la madre de Jesús y ella aceptó con gusto.

When Mary was a young lady, the angel Gabriel appeared to her. He said God had chosen her to be Jesus' mother, and she happily accepted God's gift.

El ángel le dijo además que su prima Isabel también esperaba un hijo. Así que salió de prisa a ayudar a Isabel con los preparativos de ese nacimiento.

The angel Gabriel told
Mary that her cousin,
Elizabeth, was also going
to have a baby. Mary went
to help Elizabeth get ready
for her new baby.

Poco después, María y su esposo, José, tuvieron que ir a registrarse a Belén con motivo de un censo. Mientras estaban ahí llegó el momento de que naciera Jesús. María y José buscaron un lugar para hospedarse, pero no lo encontraban. Entonces se refugiaron en un establo. Y llegó el momento en que Jesús tenía que nacer, así María y José convirtieron en cuna el lugar donde comían los animales y ahí lo recostaron.

A few months later, Mary and her husband, Joseph, went to Bethlehem. They were there when it was time for Jesus to be born, and Mary and Joseph tried to find a room to stay in. When they couldn't find one, they had to stay in a stable where cattle lived. When Jesus was born, Mary and Joseph had to make his crib out of the cattle's food box.

Una estrella guió a tres hombres sabios, llamados los Reyes Magos, desde sus lugares de origen donde estaba la Sagrada Familia. Los Reyes Magos ofrecieron a Jesús, oro, incienso y mirra. María y José se quedaron admirados de su visita.

Three wise men called Magi followed a star to find the stable where the Holy Family was staying. The Magi gave baby Jesus gifts of gold, frankincense, and myrrh. Mary and Joseph were amazed by their visit.

El nacimiento de Jesús llegó a oídos del rey Herodes, a quien le dio mucho miedo que Jesús fuera a convertirse en el nuevo rey, y por eso decidió hacerle daño. Esa noche José tomó a María y al niño y huyó a Egipto para ponerlos a salvo.

King Herod heard about Jesus. He was afraid Jesus would someday be the new king, so he wanted to hurt Jesus. Joseph dreamed that Jesus was in danger. That night, Joseph took Mary and Jesus to Egypt to keep them safe.

Un día María y José llevaron a Jesús al Templo de Jerusalén. Ahí estaba también un sacerdote que se llamaba Simeón, a quien Dios ya le había revelado que Jesús era nuestro Salvador. En cuanto vio a Jesús, Simeón se puso muy contento. Después de bendecirlo, Simeón le anunció a María que, así como habría de vivir hermosos momentos a su lado, también iba a pasar otros de mucho dolor.

One day, Mary and Joseph took Jesus to the Temple of Jerusalem. A priest named Simeon was there. God had told Simeon that Jesus would be our savior, so Simeon was very glad to see Jesus. After blessing Jesus, Simeon said that Mary's life with Jesus would be filled with joy, but that there would also be pain.

Cuando Jesús cumplió 12 años, María y José lo llevaron a Jerusalén. Pocos días después llegó la hora de volver a casa. Llevaban ya mucha distancia recorrida, cuando María y José se dieron cuenta de que Jesús no venía con ellos, ¡se les había perdido! Fueron tres días de inmensa angustia para María. Después de buscarlo con gran preocupación, finalmente lo encontraron en el templo, rodeado por los expertos de la Ley.

When Jesus was twelve years old, he and his parents went with their friends and family to Jerusalem. On the way home to Nazareth, Mary and Joseph realized Jesus wasn't with them. He was lost! After three days of searching, Mary and Joseph found Jesus talking to the teachers in the temple.

Ya con Jesús a su lado, volvieron todos a Nazaret. Con gran satisfacción María contemplaba cómo Jesús ayudaba a José en sus trabajos de carpintería y a ella en las tareas de la casa. Se le llenaba el corazón de felicidad al ver con qué gusto Jesús los acompañaba a la sinagoga a orar y cómo era bueno con todos.

Mary and Joseph made sure Jesus was with them when they finally went back to Nazareth. Mary was very proud of the way Jesus helped Joseph with his carpentry work and Mary with household chores. Her heart was filled with happiness at how joyfully Jesus went with them to the synagogue to pray and how good he was to everyone.

Jesús era todavía un jovencito cuando José cayó muy enfermo. María cuidó de él con inmenso cariño hasta que un día José murió, María se puso muy triste. En esos momentos Jesús la consoló con muchísima ternura.

Jesus was still a young man when Joseph fell very ill. Mary took care of Joseph with great love. When he died, Mary was very sad. Jesus tenderly comforted her.

El tiempo pasó y Jesús se convirtió en un joven. En una ocasión, Jesús y María fueron juntos a una boda a un lugar llamado Caná. En medio de la fiesta, María se dio cuenta de que se había acabado el vino, y sintió mucha tristeza por los esposos. En su corazón, María sabía que su Hijo tenía un enorme poder, así que se le acercó a pedirle ayuda. Jesús aceptó. Y, gracias a María, realizó su primer milagro: convertir el agua en vino.

Time passed, and Jesus grew up. One day he and Mary went to a wedding in a city called Cana. At the reception, Mary realized there was no more wine. Mary knew in her heart that her son had great power, so she asked him to help the bride and groom take care of their guests. Jesus performed his first miracle: turning water into wine.

María también estuvo el día en que Jesús debía dar la vida por nosotros. Caminó a su lado mientras Él, con gran esfuerzo, llevaba al Calvario su pesada cruz. A lo largo de esos terribles momentos, ella lo acompañó con amor y cercanía.

On the day Jesus died for us, Mary was there. She walked with him as he carried his very heavy cross to Calvary, giving him love and support every step of the way.

A pesar de lo terrible que fue verlo sufrir tanto, María permaneció firme, acompañándo a Jesús durante todo el tiempo que estuvo clavado en la cruz y hasta que murió. Ella fue muy valiente y confió en que Dios la ayudaría a ser fuerte.

When Jesus was nailed to the cross, Mary stayed by his side until he died even though it was horrible for her to see her son suffer so much. She was very brave and trusted God to help her be strong.

Tres días después de la muerte de Jesús, María seguía muy, muy triste por todo lo que le había pasado a su Hijo, cuando de repente Jesús se le apareció. ¡Vivo otra vez! Habló con ella, la abrazó y le dio un beso. Luego desapareció, pero a pesar de eso, María se puso muy feliz de saber que su Hijo había resucitado.

Three days after Jesus died, Mary was still very, very sad about what had happened to her son, but then he appeared to her. He was alive! He spoke to her, hugged her, and kissed her. Then he left her again, but Mary was very happy because she knew he was alive.

Un día Jesús volvió al cielo; pero antes le pidió a su madre que le hiciera compañía a los Apóstoles, pues todavía tenían miedo y seguían tristes. María cumplió el deseo de su Hijo. Se mantuvo en oración con ellos hasta el día en que el Espíritu Santo bajó hacia ellos tomando forma de pequeñas flamas que se posaron sobre ellos, y les llenó de fuerza para predicar el Evangelio de Jesús.

Before Jesus went to heaven, he asked Mary to visit the apostles because they were still scared and sad about what had happened to him. One day when Mary was praying with them, Jesus sent the Holy Spirit to fill them with the strength to preach Jesus' gospel.

María estaba feliz de saber que su Hijo seguía vivo, pero también lo extrañaba mucho. Un día Jesús envió a sus ángeles por ella. Mientras dormía, ellos la llevaron en cuerpo y alma al cielo para que viviera con Él para siempre.

Mary was very happy that Jesus was alive, but she missed him. One day while she was sleeping, Jesus sent his angels to bring her body and soul to heaven to live with him forever.

Y al llegar al cielo, todos los ángeles la celebraron con inmensa alegría. Dios la coronó como Reina del cielo. Desde donde intercede siempre por toda la humanidad.

Madre de todos, ¡pide por nosotros para que un día podamos estar contigo y con tu Hijo!

When Mary got to heaven, the angels rejoiced. God crowned her Queen of the Universe. She prays for all of us every day.

Mother of all, please pray for us so we can be with you and your son one day!

Give your children the gift of faith and evangelization

Comparte con cada uno de los miembros de tu familia el regalo de la fe y de la evangelización.

El Conejito de Pascua
El cuento de un día extraordinario
823534 (English)
824562 (Spanish)

Meet the Risen Jesus with an amazing bunny and his amazing tale—in this beautifully illustrated hardcover children's book now available in Spanish!

Children will learn about Jesus' friendship and comfort through the eyes of a timid bunny rabbit who experiences firsthand the love and joy Jesus brings. For adults, this story is a simple Lenten reflection that lets you approach Jesus as a little child and celebrate Easter without banishing the bunny!

Vive la primera Pascua de la mano de un extraordinario conejito — y su extraordinaria aventura; un libro con hermosas ilustraciones pensado para disfrutarse por generaciones.

Related Titles

AVAILABLE NOW!

El árbol orgulloso
Luane Roche
Illustrations by Chris Sharp
48-page paperback • 8 x 9
9780764-824609 • **$11.99**

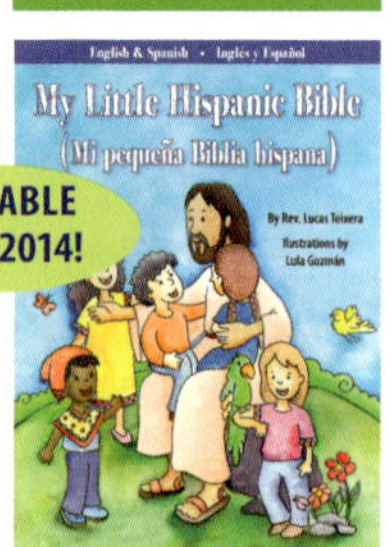

AVAILABLE APRIL 2014!

Mi Pequeña Biblia Hispana
Lucas Teixeira
Illustrated by Lula Guzmán
96-page hardback • 6-3/8 x 9-1/8
9780764-824456 • **$14.99**